U0111821

大展好書　好書大展
品嘗好書　冠群可期

大展好書　好書大展
品嘗好書　冠群可期

武術秘本圖解 12

達摩派拳訣
——五拳秘技

原著　湯　顯
整理　三武組

大展出版社有限公司

三武挖整組
（排名不分先後）

【組長】

　　高　翔

【寫作組】

高　飛	鄧方華	閻　彬	余　鶴
景樂強	董國興	陳　鋼	范超強
趙義強	謝靜超	梁海龍	郭佩佩
趙愛民	黃守獻	殷建偉	黃婷婷
甘　泉	侯　雯	景海飛	王松峰

【繪圖組】

高　紳	黃冠杰	劉　凱	朱衍霖
黃　澳	凌　召	潘祝超	徐　濤
李貢群	李　劍		

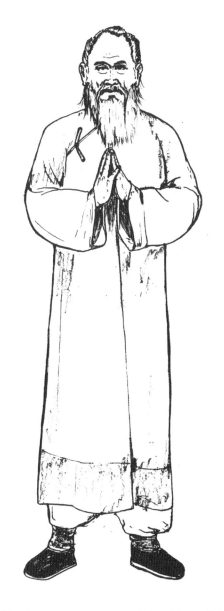

湯顯（1856—1938），又名湯鵬超，清末民初
著名武術家，擅長「達摩內功拳」，名震一時。

達摩一葦渡江。

湯顯自序

梁天監中，達摩師遺留「天竺易筋經」於嵩山少林寺，其僧徒演而習之，盡心推廣，代有傳人，遂成出群卓越之奇術。少林拳勢，區曰龍、虎、豹、鶴、蛇、猴，為其正宗；唯拳勢甚多，率大同而小異，均由少林派變化而來。故今人之論技擊者，必首推少林。

然我國技擊非自少林始也，嘗聞管子之為教也：「于子之鄉，有拳勇股肱之力、筋骨秀出于眾者，有則以告」，則其時主國而訓士，已重視斯術矣。夫技擊者，習手足、便器械、積機關，以立攻守之勝者也，自衛、衛國。

識者尚之不佞，究心是術，粗識大指，懼世之有志於斯而不得其門焉，則為之圖說。積久成編，匯而付梓，非敢曰著書，聊以為芻蕘之獻而已。

達摩派拳訣——五拳秘技

目 錄

目
錄

第一章

外家龍拳

外家龍拳，即達摩派龍法。

此拳為外家絕技，能用活法手腕，巧於自行退避，又能使敵人倒地而致受重傷，為對敵適用之拳法。

【練法】

練習時以立落為標正。

立正，雙手靠腰。（圖1-1）

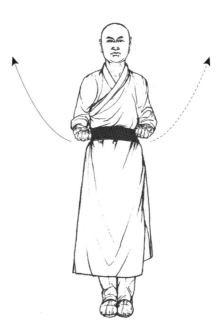

圖1-1

兩手向左右打出，至肩臂平伸，手指向前，手心向下（即揚手）。（圖1-2）

左足向左踏出平馬，同時，雙手脈門前後交叉，左外右內，四指向上。（圖1-3）

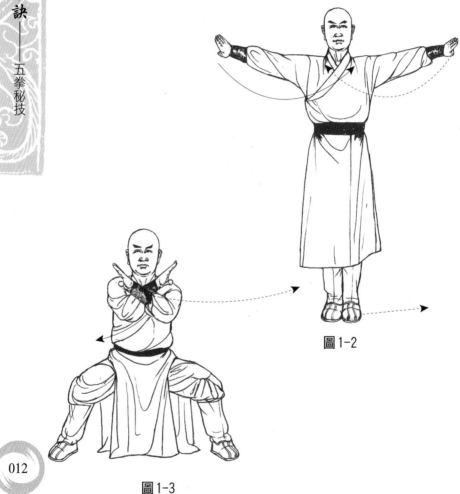

圖1-2

012

圖1-3

乘勢右拳靠腰，左手向左摘手平伸。（圖1-4）

左掌收回靠腰，作左箭馬，右手向前平伸一拳（即箭拳）。（圖1-5）

圖1-4

圖1-5

左手從右手腋下向前削出平伸；左足收回，左吊馬。（圖1-6）

同時，左手向下、向右抄上，對胸部（即托樑換柱）。（圖1-7）

圖1-6

圖1-7

右足旋轉，足尖向左橫踏，右足向前踏出夾馬；雙手脈門前後交叉，左手在內握拳，右手在外是掌。（圖1-8）

右足提起向右前橫腿。（圖1-9）

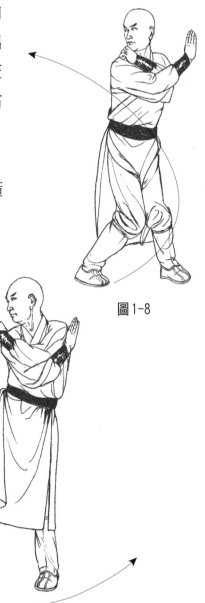

圖1-8

圖1-9

向右放下（即踢印腿），右足向左著地半掃。
（圖1-10）

　　乘勢雙掌向右橫掠，即刻右足退轉原步。（圖1-11）

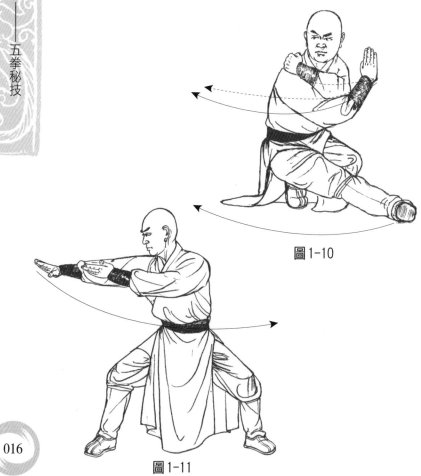

圖1-10

圖1-11

右手四指向左下斜插（即半掃切肚）。（圖1-12）

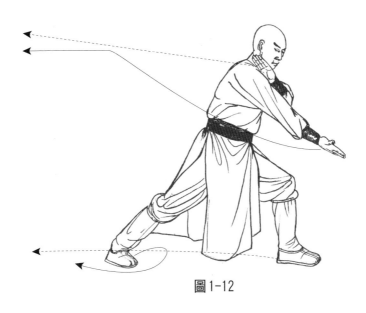

圖1-12

注意轉右方：

右足收回旋轉足尖向右橫踏，左足向右踏出，左箭馬，同時，向右做半繞形，乘勢雙掌向前直打（即雙撲心）。（圖1-13）

圖1-13

雙手下削於左右大腿旁。（圖1-14）

　　左足收回，旋轉，足尖向左橫踏，右足上步成右箭馬，同時，右拳從下向上打，肘屈，拳離額約一尺（即和尚托缽）。（圖1-15）

圖1-14

圖1-15

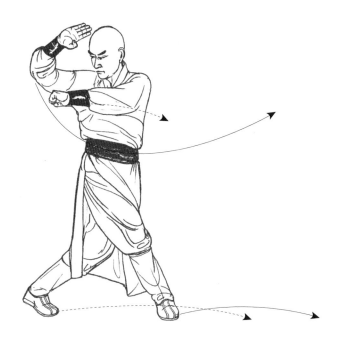

圖1-16

　　左足向右，從右足後跨過，二膝交叉，約離尺許
（即後墊步），同時，左拳脈門向下從右臂腋下打出
（即腰拳）。（圖1-16）

注意轉左方：

　　左足回出旋轉，足尖向左橫踏，同時，右足向左
踏出，兩膝併住（即夾馬）；右手肘屈，拳抵腰部，
將左手握住右手脈門，用右手肘向前往下平壓（即甃
肘）。（圖1-17）

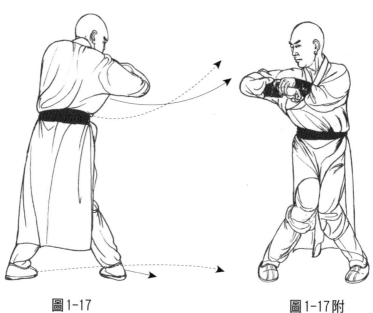

圖1-17　　　　　　　　　圖1-17附

圖1-18

　　右足收回旋轉，足尖向右橫踏，同時，左足向右踏出成左箭馬；雙手向右作半繞形，乘勢雙手脈門相靠，掌心離開，向前斜上托起（即猿猴獻果）。（圖1-18）

將雙手左右摘開，係雙摘手平伸。（圖1-19）

圖1-19

圖1-19附

乘勢雙手握拳，脈門向下，往前斜上合打，雙肘屈（即雙龍入海）。（圖1-20）

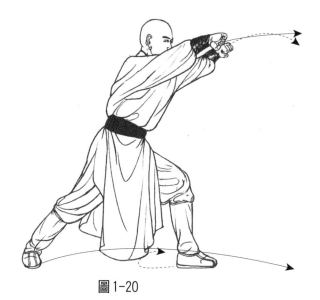

圖1-20

左足收回旋轉，足尖向左橫踏，同時，右足向左踏出成右箭馬，乘勢雙拳脈門交叉（右拳外，左拳內），向前斜上叉起（即犀牛獻角）。（圖1-21）

圖1-21

左足上步，右膝
提起；雙拳收回胸
部。（圖1-22）

右足向前橫腿放
下，成右箭馬，乘勢
雙掌向前直打（即雙
切手）。（圖1-23）

圖1-22

圖1-23　　　　　　圖1-23附

身向左轉，成左箭馬，乘勢右手向左橫掠，左拳靠腰（即斬腰手）。（圖1-24）

左足收回成左吊馬，同時，左掌向前削下斜伸，掌心向下；右手向上，抽起平額，掌心向外（即抽刀勢）。（圖1-25）

圖1-24

圖1-25

左足旋轉，足尖向左橫踏，左拳收回靠腰，右足向上飛起，同時，右手搭右足旁。（圖1-26）

乘勢放下，身向右轉，右拳靠腰，左足向上飛起。（圖1-27）

圖1-26

圖1-27

身向左轉，同時，右足向上飛起，右手搭右足旁。（圖1-28）

圖1-28

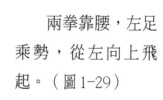

兩拳靠腰，左足乘勢，從左向上飛起。（圖1-29）

圖1-29

即刻放下成平馬勢（即飛腳盤腿）。（圖1-30）

　　左手向左摘手平伸，隨即收回靠腰，成左箭步，右拳向前直打（即箭拳）。（圖1-31）

圖1-30

圖1-31

身向右轉，成右箭馬，右手肘屈，左手握住右
拳，同時，將右肘向前直送（即登肘）。（圖1-32）

圖1-32

圖1-32附

乘勢右拳向上往
前甩出，脈門向上
（即甩拳）。（圖1-33）

圖1-33

右足收回旋轉，足尖
向右橫踏，左足向前踏出
成左箭馬，同時，左手從
右腋下向前削出平伸，右
拳變掌轉左、向上、轉
右，作環形平額，掌心向
外。（圖1-34）

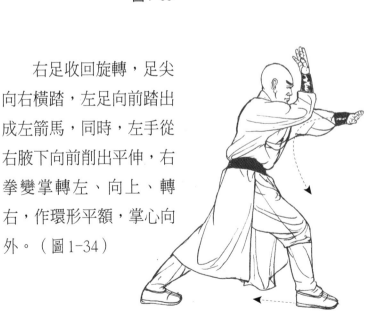

圖1-34

左掌向下削出斜伸，同時，左足收回成左吊馬（即鳳凰撒翼）。（圖1-35）

左足旋轉，足尖向左橫踏，右足向前上步成右吊馬，同時，右手握拳，脈門向下抵住左手掌心，左手四指向前，連拳向前送出，雙肘屈（即鞠躬）。（圖1-36）

圖1-35

圖1-36

雙手放下，左右分開，掌心向外；右足收回向右
踏下。左足向右足靠近，立定，雙手掌心翻轉向下直
伸。收勢。（圖1-37、圖1-38）

圖1-37

圖1-38

達摩派拳訣——五拳秘技

第二章

內家虎拳

內家虎拳，即達摩派虎法。

內家虎拳，為達摩正派，名為「虎法蛇音」。練拳之人，要學「吸陰卸肩」，須從「五音」而出，與敵人對打時，名為「吞吐」。

【練法】

立正。（圖2-1）

圖2-1

左腳向左踏出一步，雙手靠腰，掌心向前。（圖2-2）

圖2-2

圖2-3

左足向左橫踏，隨即，右足向左踏出，成平馬勢。（圖2-3）

身向右轉，雙手掌心反轉向下，放在右腿兩旁，用「哼」字音（即猛虎縮腰）。（圖2-4）

圖2-4

雙手掌心反轉向前，兩臂靠腰，脈門相對，離開一尺餘，用「旭」字音。（圖2-5）

圖2-5

右足向右跨上一步，左足著地移攏一步，雙手伸前握住，用「餘」字音（即猛虎出洞）。（圖2-6）

圖2-6

左足著地移攏一步，與右足相併，同時，用「餘」字音；右足向左緊靠一步，用「匣」字音（即腳踏金磚）。（圖2-7）

圖2-7

圖2-8附

圖2-8

雙掌向外反轉，掌心
向裏，相對在胸部，用四
指向前穿出，用「斯」字
音(即雙穿劍)。(圖2-8)

手腕向上拗轉，掌心
向前，右足向前上一步，
左足著地移攏一步，同
時，雙掌向前直推（即武
松掖窗）。（圖2-9）

圖2-9

身向左轉，
同時，右手掌心
向上向左橫掠；
左手靠腰，脈門
向前，用「匣」
字音（即武松開
門）。（圖2-10）

圖2-10

身向左轉，
同時，右手掌心
向上向左橫掠，
左拳靠腰，用
「斯」字音（即
斬腰手）。（圖
2-11）

圖2-11

身向右轉，同時，左
拳繞右手旁，向左摘開，
做雙摘手勢，兩臂靠腰，
用「哼」字音（即猛虎拿
捉）。（圖2-12）

圖2-12

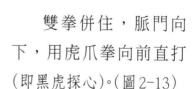

雙拳併住，脈門向
下，用虎爪拳向前直打
（即黑虎探心）。（圖2-13）

圖2-13

雙手左右分開，掌心向前，兩臂靠腰，用「旭」
字音（即猛虎開口）。（圖2-14）

身向左轉，同時，兩手向左繞半月形，兩臂靠腰
（即猛虎開口）。（圖2-15）

圖2-14

圖2-15

用「哼」字音，兩手掌心向前伸直，隨即將兩手
掌心向上收回，臂膀靠腰（即磨掌擦拳）。（圖2-
16、圖2-17）

圖2-16

圖2-17

左足向左踏上一
步，右足著地移攏一
步相併。繼左足退後
作平馬勢，身向右
轉，左拳收腰，右掌
右擺。（圖2-18）

圖2-18

右手掌心向前伸直；乘勢右足向內眠地，右手放
下（即右眠步）。（圖2-19）

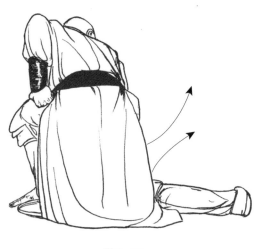

圖2-19

圖2-19附

右足回起，作平馬式，身向右轉，同時，右手從
下向上平膝握住，用「餘」字音（即猴子偷桃）。
（圖2-20）

圖2-20

左手四指循拳
插下。（圖2-21）

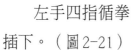

圖2-21

　　身向左轉，同時，雙手向左繞半月形，臂膀靠腰，用「哼」字音（即猛虎開口）。（圖2-22）

　　兩手掌心向上伸直，隨即將掌心向上收回，臂膀靠腰，用「哼」字音（即摩拳擦掌）。（圖2-23、圖2-24）

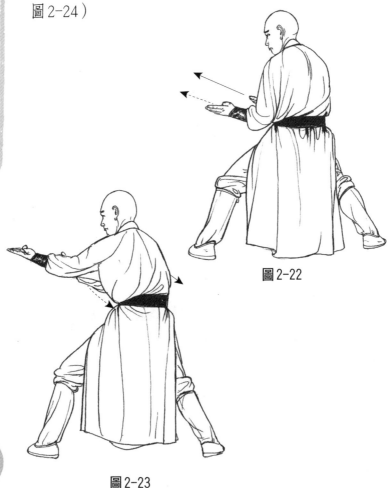

圖2-22

圖2-23

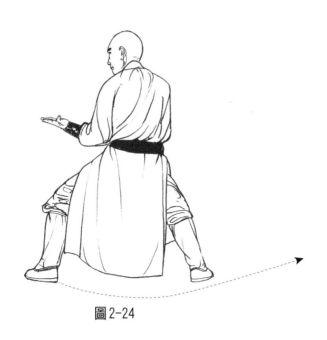

圖2-24

左足退後，作平馬勢，身向右轉，右手掌心向上
伸直，左掌壓右掌上，脈門交叉。（圖2-25）

圖2-25

左右分開，臂膀靠腰，用「旭」字音（即猛虎開口）。（圖2-26）

圖2-26

左足著地移攏一步，同時，用「餘」字音，右足提起足尖向左、向前橫踏，用「匣」字音（即足踏金磚）。（圖2-27）

圖2-27

雙手掌心相對，用八指向右、向下斜插。（圖
2-28）

圖 2-28

收回，向左斜
插，同上（即插腰
劍）。（圖2-29）

圖 2-29

右手掌磨過左手掌，右手四指向前穿出，兩掌變拳握住扭轉，脈門向上，用「餘」字音。（圖2-30）

圖2-30

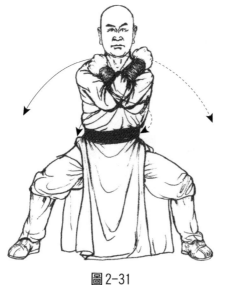

雙拳脈門交叉，左拳內，右拳外。（圖2-31）

圖2-31

雙拳左右分開，臂膀靠腰（即猛虎開口）。（圖2-32）

圖 2-32

圖 2-33

同上，用「旭」字音，右足收回，足尖繼向右橫踏，隨之，左足向前踏出成平馬勢。右手握拳，脈門向下抵住左手掌心，左手四指連拳向前送出，雙肘屈，用「哼」字音（即猛虎磨牙）。（圖2-33）

雙手左右分
開，掌心向外，
用「旭」字音。

（圖2-34）

圖2-34

左足收回，與右足併步立
定；雙手掌心反轉向下。收勢。

（圖2-35）

圖2-35

【達摩拳擺馬勢】

達摩師內家氣功馬勢，唯一平馬。茲將其擺馬勢列述於下，以備參考焉。

立正，兩腳稍向左右離開，成八字形；將氣吸入（須吸兩次，先如「喝」字音，次如「哼」字音，不可回出），納入丹田小腹吸進，兩臀扎緊，雙肩卸下，兩肘靠近腰間；朝陽手（即虎爪手，兩手離開約一尺許），手心相對，脈息相對，怒目而視，離口露齒。

右腳踏開平馬，再用氣灌足丹田（仍用「哼」字音）。至氣不能容納時，立起將氣（如「旭」字音）吹出，立正。

如能下此功夫，久之必能將外腎收納，而筋骨堅強，此謂之「吸陰卸肩」。（圖2-36）

圖2-36

【蛇音虎法】

氣功尚有所謂吐納五音者，其音與蛇相似。先用「喝」字音起首，後用五音，即「哼」「旭」「斯」「餘」「匣」五音是也。

斯五音者，「喝」「哼」「斯」「餘」為吞音，「旭」「匣」為吐音，合前擺馬勢，謂之「蛇音虎法」。

第三章

硬功豹拳

硬功豹拳，即達摩派豹法。

豹拳為硬功之最好者，熟練之，於緊急時足與敵人拼命，故為學者所不可缺。

【練法】

立正。（圖3-1）

圖3-1

左足向左踏出一步，雙手靠腰，掌心向前。（圖
3-2）

即刻掌心反轉向下伸直，同時，用「哼」字音
（即猛虎縮腰）。（圖3-3）

圖3-2

圖3-3

掌心反轉，托起至胸部；依勢四指向前直穿，
同時，用「斯」字音（即風雨齊出）。（圖3-4、圖
3-5）

圖3-4

圖3-4附

達摩派拳訣——五拳秘技

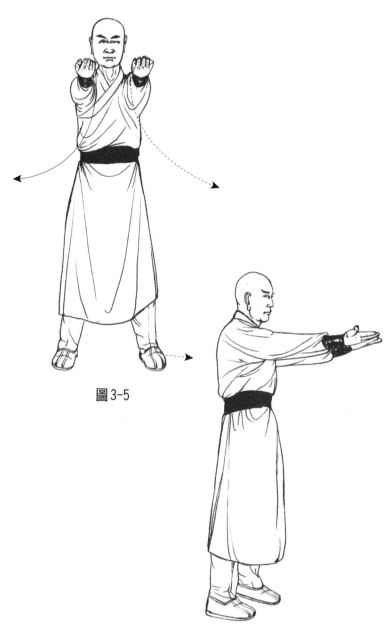

圖3-5

圖3-5附圖

左足向左再踏開一步，作平馬，同時，兩手用四指向左右插出；隨即雙臂靠腰，用「匣」字音（即金雞曬翼）。（圖3-6、圖3-7）

圖3-6

圖3-7

右手脈息向下往前一拳；收回脈息向上，臂膀靠腰，用「哼」字音。（圖3-8、圖3-9）

圖 3-8

圖 3-9

左足向左踏開一步，右足著地向左移攏一步，左手脈息向下往前一拳；收回脈息向上，臂膀靠腰，用「哼」字音。（圖 3-10、圖 3-11）

圖 3-10

圖 3-11

依勢再用「旭」字音，左足向左踏出，足尖向左橫踏，右足亦向左跨上一步，作平馬；身向右轉，右手脈息向下往前一拳。（圖3-12）

圖3-12

依勢左手用四指循拳插出，右拳收回，臂膀靠腰（即磨掌擦拳）。（圖3-13）

圖3-13

身向左轉，同時，左手用四指向左直插；隨即臂膀靠腰，同時，用「哼」字音（即純陽穿劍）。（圖3-14、圖3-15）

圖 3-14

圖 3-15

左足旋轉，足尖向左橫踏，右足向左前踏出作平馬，身向右轉，右手脈息向下往前一拳。（圖3-16）

圖3-16

依勢左手用四指循拳插出（即磨掌擦拳）。（圖3-17）

圖3-17

右掌收回，臂膀靠腰，身向左轉，依勢左手向左捎過握住。（圖3-18）

圖3-18

右足向左踏出作平馬，依勢右手向左握住、抵住左拳至胸部，將右手肘向左平壓（即抱孩）。（圖3-19）

圖3-19

右拳向上、往前甩出，
脈息向上。（圖3-20）

右拳收回，脈息向下，
與左拳相交於胸部，依勢向
左前直打（即黑虎偷心）。
（圖3-21、圖3-22）

圖3-20

圖3-21

圖3-22

右足從右向後退出作平馬，同時，雙手用四指向左右插出；隨即兩臂靠腰，同時，用「匣」字音（即金雞曬翼）。（圖3-23、圖3-24）

圖3-23

圖3-24

左足向左，足尖向前橫踏，右足亦向前踏出作平馬；右手脈息向下，往前一拳，隨即收回脈息向上，肩膀靠腰，用「哼」字音。（圖3-25、圖3-26）

圖3-25

圖3-26

右足向前跨上一步，左足著地移攏一步；左手脈息向下，往前一拳，隨即收回，脈息向上臂膀靠腰。（圖3-27、圖3-28）

圖3-27

圖3-28

用「哼」字音，依勢再用「旭」字音；左足著地移攏一步，同時，用「餘」字音，右足向前跨上一步，作平馬，右手脈息向下，往前一拳。（圖3-29）

圖3-29

圖3-29附

依勢左手用四指循拳插出，右掌收回，臂膀靠腰
（即磨掌擦拳）。（圖3-30）

圖3-30

圖3-30附

身向左轉，依勢左手用四指向左直插；隨即臂膀
靠腰（即純陽穿劍）。（圖3-31、圖3-32）

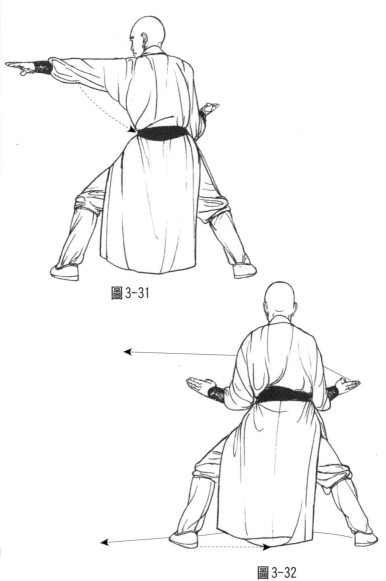

圖3-31

圖3-32

左足旋轉，足尖向左橫踏，右足向前踏出，作平馬，身向右轉，右手脈息向下，往前一拳。（圖3-33）

圖3-33

　　左手用四指循拳插出；右拳脈息向上收回，臂膀靠腰（即磨掌擦拳）。（圖3-34）

圖3-34

左足向左方踏出，
右足尖亦向左橫踏，同
時，左手向左捎過握
住。（圖3-35）

圖3-35

　　右足向左方踏出，作平馬，依勢右手亦向左握
住，隨即變掌抵住左拳至胸部，用右手肘向左平壓
（即抱孩）。（圖3-36、圖3-37）

圖3-36

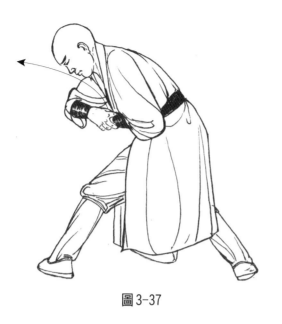

圖 3-37

圖 3-37 附

右拳向上、往前甩出，脈息向上。（圖3-38）

圖 3-38

右拳收回脈息向下，與左拳平住至胸部，依勢向前直打（即黑虎偷心）。（圖3-39、圖3-40）

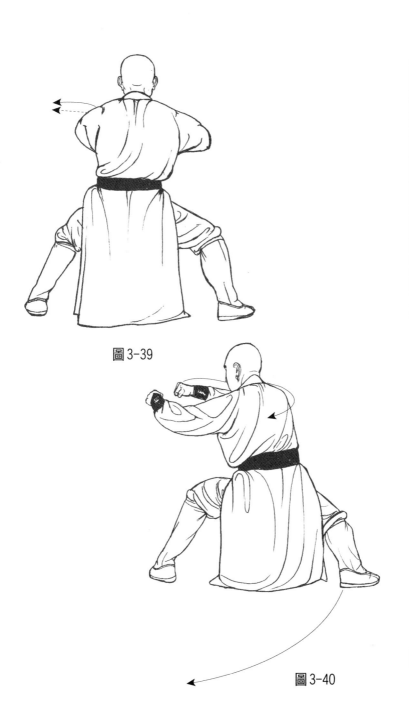

圖 3-39

圖 3-40

右足從右向後退
出，作平馬，同時，
兩手用四指向左右方
插出。（圖3-41）

圖3-41

圖3-41附

圖3-42

兩臂靠腰，用「匣」字音（即金雞曬翼）。（圖3-42）

左足向前，足尖向左橫踏，右足亦向前踏出，作平馬；右手脈息向下，往前一拳。（圖3-43）

圖3-43

收回脈息向上，
臂膀靠腰，用「哼」
字音。（圖3-44）

圖3-44

左手脈息向下，往
前一拳。（圖3-45）

圖3-45

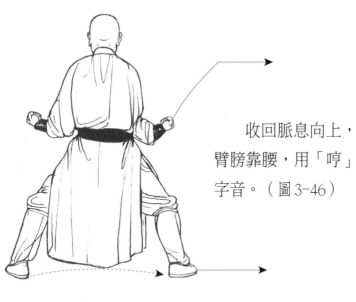

收回脈息向上，
臂膀靠腰，用「哼」
字音。（圖3-46）

圖3-46

依勢再用「旭」字
音，左足著地移攏一
步；用「餘」字音，
右足向前跨上一步，
右手脈息向下，往前
一拳。（圖3-47）

圖3-47

依勢左手用四指循拳插出，隨即兩臂靠腰，用
「旭」字音（即金雞曬翼）。（圖3-48、圖3-49）

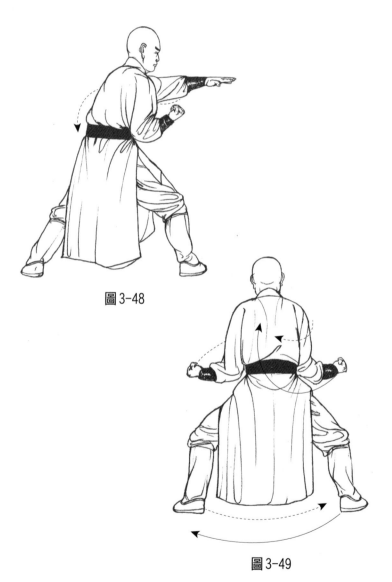

圖3-48

圖3-49

右足旋轉，足尖
向右橫踏，左足向前
踏出，作平馬；依勢
右手握拳，脈息向
下，抵住左手掌心，
左手四指向前，連拳
送出，屈肘，用
「哼」字音（即遊僧
行禮）。（圖3-50）

圖3-50

兩手放下，向左右分
開，掌尖向前，用「旭」
字音。（圖3-51）

圖3-51

左足向左踏出，右足亦向左收攏，立定；兩手掌心反轉放下，雙臂靠身。收勢。（圖3-52）

圖3-52

第四章

內家鶴拳

內家鶴拳，即達摩派鶴法。

鶴法全屬內家，注重馬步、運氣、拿手等法，表面上雖無花派可觀，實為有志者所必學之拳法也。

然俗有「拳打力不過」之說，但拳家則謂鶴「力打速不過」，蓋速則無避法矣，是在練習者之嫻熟也。

【練法】

立正。（圖4-1）

圖4-1

左足向左踏出一步，雙
手靠腰，掌心向前（用
「旭」字音）。（圖4-2）

圖4-2

左足向前，足尖
向左橫踏，右足向前
跨上一步，作平馬。
（圖4-3）

圖4-3

身向右轉，雙手掌
心反轉，放於右腿兩旁
（用「哼」字訣，即猛
虎縮腰）。（圖4-4）

圖4-4

雙掌反轉，托上胸
前，脈息前後交叉（左內
右外）。（圖4-5）

圖4-5

雙掌反轉，用扎
手，向左右方扎開，肘
稍屈。（圖4-6）

圖4-6

左足向前，足尖向左橫
踏，同時，雙手收攏至胸
前，脈息前後交叉（左內右
外）。（圖4-7）

圖4-7

依勢用扎手向左右扎
開，兩臂靠腰（用「哼」
字訣）。（圖4-8）

右足向前跨上一步作
平馬，同時，雙手脈息前
後交叉（左內右外）。
（圖4-9）

圖4-8

圖4-9

依勢用扎手向左右方摘開，肘稍屈（仙鶴舞翼）。（圖4-10）

圖4-10

身向前屈，兩臂靠腰，同時，左足提起拘攏。（圖4-11）

圖4-11

用足底從後
打出，身向後
轉。（圖4-12）

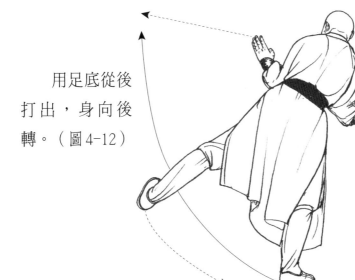

圖4-12

左足落位，
右足向上飛起；
左掌搭右足邊。
（圖4-13）

圖4-13

同時，左手掌、右足邊一搭放下，右足與左足平行，約離尺許；將雙掌放於兩腿邊，掌尖向下（用「哼」字訣，即鶴舞雲霄，俗名撲虎彈爪）。（圖4-14）

圖4-14

雙掌反轉，托起胸前。（圖4-15）

圖4-15

依勢四指向內反
轉，隨即用指背往前
甩出（用「斯」字音，
即鶴翼扇燈）。（圖
4-16）

圖 4-16

將兩手下削於左
右腿邊。（圖4-17）

圖 4-17

身向左轉，雙手提起胸前乘勢將四指向內反轉，隨即用指尖向前穿出。（圖4-18）

圖4-18

左足收攏立定；將右掌拓過左掌用指尖向右穿出，兩掌心皆向下。（圖4-19）

圖4-19

右足向右跨出作平馬；右手收攏至胸部，掌心向上；將左手掌拓過右掌，用指尖向左穿出。隨即，左掌收攏臂靠腰（仙鶴挺翼）；右掌翻轉。（圖4-20、圖4-21）

圖4-20

圖4-21

左足向後退轉作平馬，身向左轉，同時，右拳往前向下斜打（插肚拳）。（圖4-22）

圖4-22

身向右轉作平馬；右拳從下向前、往上挑起，脈門向左，臂靠腰；依勢將左手指尖循拳插下（右挑拳）。（圖4-23）

圖4-23

左足向左方跨上，足尖向左橫踏，同時，左手向下、向左捎轉握住。右足亦向左跨上作平馬，身向右轉，同時，右拳從下向前挑起胸前，左臂靠腰（用「哼」字訣，即懸崖勒馬）。（圖4-24）

圖4-24

用雙手掌心向外伸前握住，扭轉拉攏，臂靠腰，同時，右足提起足底靠腿，依勢用足尖向前打出（鶴爪扎索，即裙裏腿）。（圖4-25～圖4-28）

圖4-25

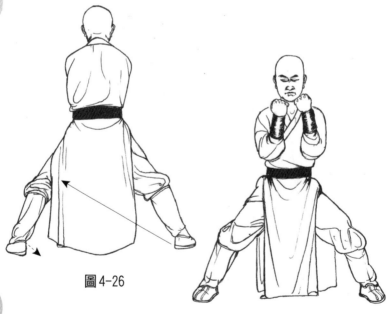

圖4-26

圖4-26附

圖 4-27

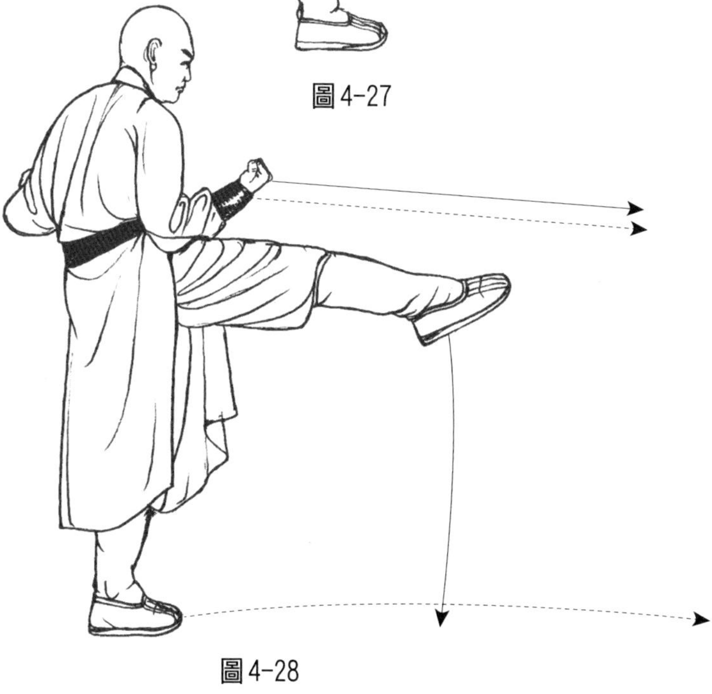

圖 4-28

放下足尖向右橫踏（用「匣」字訣），左足向前踏出，作平馬，身向左轉，雙拳併攏，向前直打（即黑虎偷心）。（圖4-29）

圖4-29

收回兩臂靠腰（用「哼」字訣），身向右轉作平馬。（圖4-30）

圖4-30

左掌向前伸直握住，右掌從下向上托起胸前，兩臂靠腰（用「餘」字訣，即華佗接骨）。（圖4-31）

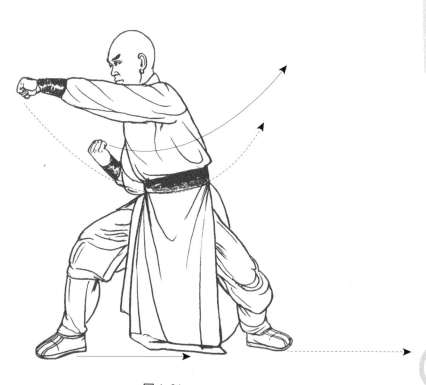

圖4-31

　　身向左轉，左足向前跨上一步，右足著地移攏一步，同時，右掌向前握住，左拳從下向上挑起胸前，右臂靠腰（用「哼」字訣，即懸崖勒馬）。（圖4-32、圖4-33）

圖4-32

圖4-33

右足向右方跨上
作平馬，同時，右手
掌搭左臂下節，身向
右轉。依勢左掌向前
伸直握住，將右掌從
下向上托起胸前，兩
臂靠腰（用「餘」字
訣，即華佗接骨）。
（圖4-34、圖4-35）

圖4-34

圖4-35

圖4-35附

身向左轉，左足向前跨上一步，右足著地移攏一步，同時，右掌伸直握住，將左拳從下向上挑起，右臂靠腰（用「哼」字訣，即懸崖勒馬）。（圖4-36）

圖4-36

用雙拳抵在胸部，向左右往下斜打（即十字拳）。（圖4-37、圖4-38）

圖4-37

圖4-38

　　左足收攏，足尖向左橫踏，依勢左手向前捎過握住。右足亦向前跨出作平馬，依勢右手亦向前握住，抵在左拳，至胸部，用右手肘向右平壓（用「餘」字訣，華佗診脈，即抱孩）。（圖4-39、圖4-40）

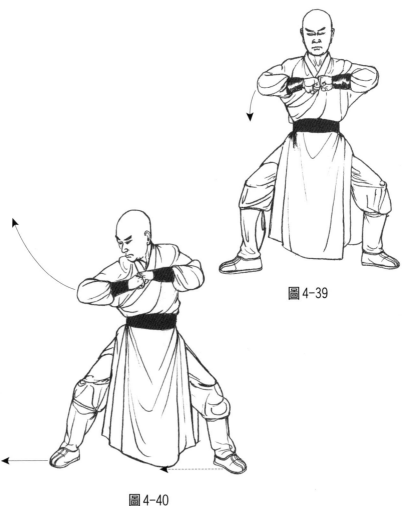

圖4-39

圖4-40

右足向右踏上一步，左足著地移攏一步，同時，右肘自下向上打，臂靠腰（即背肘）。（圖4-41）

身向右轉，依勢右拳向上往前甩出，脈門向上（即甩拳）。（圖4-42）

圖4-41

圖4-42

將左手用指尖
循拳插出。（圖
4-43）

即刻右拳收
攏，脈門向下，用
拳循掌打出。（圖
4-44）

圖4-43

圖4-44

左臂靠腰，身旋轉左方，將右手向左伸直，用虎
爪手拉攏，屈肘，臂平肩，同時，左掌向外往左伸直
（用「旭」字訣，即李廣拉弓）。（圖4-45、圖4-46）

圖4-45

圖4-46

右掌往下斜打，將左臂靠腰。

（圖4-47）

圖4-47

再左掌向左削出平伸；右掌收攏，屈肘，臂平肩（即還弦手）。

（圖4-48）

圖4-48

雙手向上，隨即下削於左右腿邊。（圖4-49、
圖4-50）

圖4-49

圖4-50

身向左轉，同時，左手提上，從左落下，平膝，掌心向前；右手提上，平額，掌心向前，脈門斜對（用「哼」字訣，即仙鶴張口）。

（圖4-51）

圖4-51

左足向前跨上一步，右足著地移攏一步，雙掌伸前握住。

（圖4-52）

圖4-52

拉攏（用「餘」字訣），放於左腿兩邊。（圖4-53）

圖4-53

身向右轉，右手提上轉右，落下平膝，掌心向前；左手提起平額，掌心向前，脈息斜對（用「哼」字訣，即仙鶴張口）。（圖4-54）

圖4-54

左掌放下，兩掌指尖向下平扎於兩腿中間，左足自後向右方踏出，同時，右足旋轉作平馬。（圖4-55）

圖4-55

圖4-55附

右手掌心向上，至腹部；左手掌拓過右掌，用四
指向左往下斜插（即袖箭）。（圖4-56）

圖4-56

右足向前跨
上，作平馬，依
勢右手掌拓過左
掌，用四指向右
往下斜插（即袖
箭）。（圖4-57）

圖4-57

即刻用雙拳抵在
胸部，脈門向下。
（圖4-58）

圖4-58

隨即，向上、向左右甩出，脈門向上（一字掌，
俗名扁擔掌）。（圖4-59）

圖4-59

身向右轉，左手向右往上用指尖向前穿出，兩臂靠腰（鶴嘴啄心）。

（圖4-60）

圖4-60

右拳循手往下斜打（圖4-61）。

圖4-61

身向右轉，同時，
右肘向右送出，臂平
肩；左掌從左向下削出
斜伸（即登肘）。（圖
4-62）

圖4-62

左掌向右握住，與
右拳相交，脈門相對，
兩臂靠腰，同時，右足
從左提起，用足尖向右
橫打（仙女照影，裙裏
腿）。（圖4-63）

116

圖4-63

右足放下，足尖向右橫踏，左足向前踏出作平馬，身向左轉，同時，雙掌向前斜上推去（即武松掇窗）。（圖4-64）

兩掌下削於左腿兩邊。（圖4-65）

身向右轉，同時，右手提上、轉右落下，平膝，掌心向前；左手提上平額，掌心向前，脈門斜對（用「哼」字訣）。（圖4-66）

圖4-64

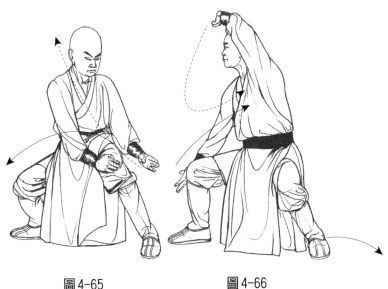

圖4-65　　　　圖4-66

依勢右手提起，胸前握住拉攏，同時，右足退後，兩腳作平馬；將左掌向前伸直，依勢用摘手收攏。（圖4-67）

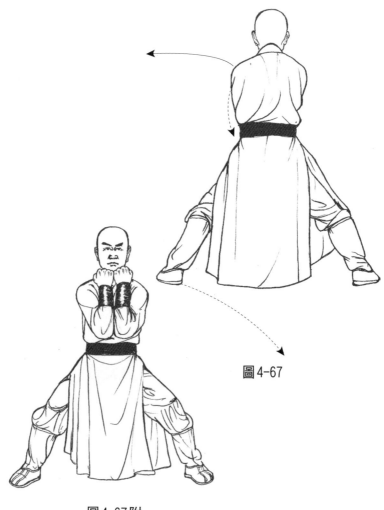

圖4-67

圖4-67附

左足退後，兩腳作平馬；將右掌向前伸直，依勢用摘手收攏。（圖4-68、圖4-69）

圖4-68　　　　　　　　　圖4-69

左足跨上一步，作平馬，同時，左掌向前伸直，依勢用扎手收攏。（圖4-70、圖4-71）

圖4-70

圖4-71

圖4-71附

右足跨上一步作平馬，同時，右掌向前伸直（金豹套索，即仙鶴步）。（圖4-72）

圖4-72

兩手脈門交叉（左外右內），左右分開，掌心向外，兩臂靠腰（用「旭」字訣）。（圖4-73、圖4-74）

圖4-73

圖4-74

右足向前跨上一步，左足收攏一步，同時，雙手伸前握住（用「餘」字訣）；一搓，左右分開，掌心向外；兩臂靠腰（鶴爪摘腰）。（圖4-75～圖4-77）

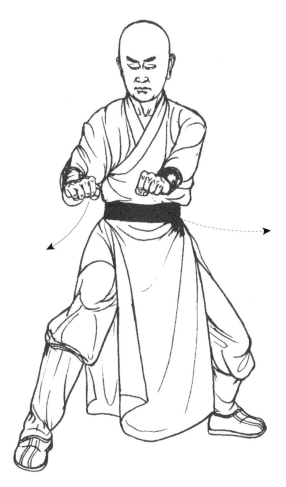

圖4-75

圖 4-76

圖 4-77

右足旋轉，足尖向右橫踏，左足向前踏出作平馬；身向左轉，右拳脈門向下，抵住左掌。左手四指向前，連拳送出，屈肘（用「哼」字訣）。（圖4-78、圖4-79）

圖4-78

圖4-79

雙手放下，左右
分開，掌尖向外（用
「旭」字訣）。（圖
4-80）

圖4-80

左足收轉立定，兩掌向下伸
直。收勢。（圖4-81）

圖4-81

第五章

軟功蛇拳

達摩派蛇法，即軟功蛇拳，為外道之易筋經（其內道即為靜坐法），乃古來最妙之一種拳法。

中有手法六、步法十二，內容似簡，然粗暴者學之，不易見功，如能平心靜氣，依法練習，則進功甚速。迨精熟時，身、臂、指隨我指揮，真有運用無窮之妙。

【練法】

立正。（圖5-1）

圖5-1

左足向左踏出一步，雙手靠腰，脈門向上，用「旭」字音。（圖5-2）

　　左足向前一步，足尖向左橫踏，右足向前跨上一步，足尖向前作平馬；右手握拳，抵住左手掌心向前送出。（圖5-3）

圖5-2　　　　　　　　　　圖5-3

肘稍屈，放下，向左右分開，掌尖向下，用
「旭」字音。（圖5-4）

右足向前踏出，足尖向右，左足向前踏上一步，
足尖向前直踏，作平馬。（圖5-5）

圖5-4

圖5-5

身向右轉，雙手脈門交叉，掌尖向上，右手內，左手外。（圖5-6）

兩掌向前後平伸，掌心向下，用「哼」字音。（圖5-7）

圖5-6

圖5-7

將手腕向上拗轉，指尖朝上，等指頭麻木，用「旭」字音。（圖5-8）

將左掌慢慢地稍向右側收回，肘稍屈，臂離腰，青洞出蛇。（圖5-9）

圖5-8

圖5-9

　　左足向左踏出，足尖向左；右足向前踏上一步，足尖向右直踏，作平馬。（圖5-10）

　　身向左轉，雙手脈門交叉，掌尖朝外，右手外、左手內。（圖5-11）

圖5-10

圖5-11

兩掌向左右平伸，掌心向下，用「哼」字音。（圖5-12）

圖5-12

將手腕向上拗轉，指尖朝上，等指頭麻木，用「旭」字音。（圖5-13）

圖5-13

右掌慢慢的稍向左側收回，肘稍屈，臂離腰（白蛇出洞）。（圖5-14）

右足向右著地旋轉，足尖向右，左足向前跨上一步，足尖向前直踏作平馬。（圖5-15）

圖5-14

圖5-15

身向左轉，左手收回胸前，掌心朝上，指頭向內。（圖5-16）

圖5-16

雙手小指、無名指、中指、拇指拘攏，食指伸直，左手從右手下向前平伸，掌心向下，食指向前伸直；同時，右手自下向後斜伸，掌心向下，食指斜伸直，用「哼」字音。（圖5-17）

圖5-17

雙手手腕向上拗轉，指尖朝上，等指頭麻木，用
「旭」字音。（圖5-18）

將左掌慢慢地稍向右側收回胸前，稍放下將掌心
向前，用「哼」字音。（圖5-19）

圖5-18

圖5-19

緩緩地向前平伸，食指仍朝上，等食指麻木，用
「旭」字音。（圖5-20）

　　將掌心慢慢地稍向右側收回，肘稍屈，臂立腰
（青蛇煉丹）。（圖5-21）

圖5-20

圖5-21

左足向左著地旋轉，足尖向左；右足向前跨上一步，足尖向前直跨，作平馬。（圖5-22）

圖 5-22

身向右轉，右手收回胸前，掌心朝上，指尖向內。（圖5-23）

圖 5-23

雙手小指、
無名指、中指、
拇指鈎攏，食指
伸直，右手向右平
伸，掌心向下，食指
尖向外，同時，左手
自下向左斜伸，掌心
向下，食指亦伸直，
用「哼」字音。（圖
5-24）

圖5-24

將兩手手腕向上
拗轉，食指朝上，等
指頭麻木，用「旭」
字音。（圖5-25）

圖5-25

　　將右掌慢慢地稍向左側收回胸前，稍放下，掌心向左，用「哼」字音。（圖5-26）

　　緩緩地向前平伸，食指仍朝上，等食指麻木，用「旭」字音。（圖5-27）

圖5-26

圖5-27

將掌慢慢地稍向左側收回，肘稍屈，臂離腰（白蛇煉丹）。（圖5-28）

（轉後方）左足從後向左踏出，足尖向左，同時，右足向左旋轉；雙手集中，掌心相對。（圖5-29）

圖5-28

圖5-29

自下向左右平伸，
掌心朝下，十指併緊，
伸直不動，用「哼」字
音。（圖5-30）

圖5-30

圖5-30附

臂膀慢慢地
屈攏，手掌至胸
部。（圖5-31）

依勢身向左
轉，兩手緩緩地
向左右平伸，用
「旭」字音。
（圖5-32）

圖5-31

圖5-32

左足收攏，立定，兩手放下伸直（青蛇盤身）。
（圖5-33）

右足向右踏出，足尖向右；兩手集中，掌心相
對。（圖5-34）

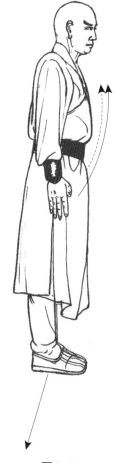

圖5-33　　　　　　　圖5-34

自下向左右平伸，掌心朝下，伸直不動，用「哼」字音。（圖5-35）

臂膀慢慢地屈攏，手掌至胸部。（圖5-36）

圖5-35

圖5-36

依勢身向右轉，雙手緩緩地向左右平伸，用「旭」字音（白蛇盤身）。（圖5-37）

兩掌掄擺，身向左轉。（圖5-38）

圖5-37

圖5-38

圖5-39

掌伸左右，右足向
前跨上一步，足尖向
前，作平馬。（圖5-
39）

右足向右旋轉，足
尖向右，左足向前，跨
上一步，足尖向前，作
平馬，身向左轉。（圖
5-40）

147

圖5-40

左足向左旋轉，足尖向左，右足向前跨上一步，足尖向前作平馬。（圖5-41）

圖5-41

身向後轉，左足從後向左踏出，足尖向左，同
時，右足向左旋轉。（圖5-42）

圖5-42

左足收回，立定。隨即右足向前踏出，左足向左踏出，作平馬。（圖5-43）

圖5-43

左足向前跨上一
步，作平馬，身向左
轉；右手握拳，抵住左
手掌心，向前送出，肘
稍屈，用「哼」字音。
（圖5-44）

雙手放下，向左右
分開，掌心向外，用
「哼」字音。（圖5-45）

圖5-44

圖5-45

　　左足向左踏出，右足收攏，立定；兩掌反轉，放下伸直。收勢。（圖5-46）

圖5-46

第六章

龍拳技擊法

一、箭 拳

1. 敵方右腳進步，右拳衝擊我方胸部。我方右腳退半步，沉身下坐成馬步，同時，兩腕相交，右腕格敵方右小臂外側，阻截住敵拳之攻擊。（圖6-1）

圖6-1

153

2. 隨即，我方右掌攔住敵方右小臂向右劃開，左掌前插敵方腋部。（圖6-2）

3. 右拳緊跟而出，擊打敵方咽喉。（圖6-3）

圖6-2

圖6-3

圖6-4

二、托樑換柱

1.敵方左腳進步，右腳彈踢我方襠部。我方退步沉身成左吊馬，左掌下切敵方右腳背。（圖6-4）

2.隨即，左掌沿敵方左腳背繞轉，兜住敵方左腿向右上抄，固於胸前。（圖6-5）

圖6-5

3.左轉身，兩膝內扣沉身，右掌下插敵方襠部，重創之。（圖6-6）

圖6-6

三、踢印腿

1.敵方右進步，右拳擊打我方面部。我方右側身，右手攔於敵方右腕外側。（圖6-7）

2.我方右手向外發力，右腿伸開向外擺踢敵方後背。（圖6-8）

圖6-7

圖6-8

3.右腳向右弧形落地，同時，兩掌向右攔掃，致敵方跌仆而出。

（圖6-9）

圖6-9

四、半掃切肚

1.敵方右進步，右衝拳擊打我方面部。我方左腳向後撤退一步，雙手交叉向前上提，右腕外側攔格於敵方右小臂外側，阻截住敵拳之攻擊。（圖6-10）

2.我方左腳上步於我右腳跟處，兩手貼住敵臂向右下攔壓，同時，右腳擦地向外掃敵方右腳踝關節。敵方提起右膝，收身避過我方右腳之掃擊。（圖6- 11）

圖6-10

圖6-11

3.我方左腳上步，左手向前劃開敵臂，右手食、中二指點插敵方腹部肚臍。（圖6-12）

圖6-12

五、雙撲心

1.敵方右進步，雙手抓住我方胸前衣襟，欲使摔打。（圖6-13）

2.我方迅疾右旋身，同時，左手上抬向右，用左上臂及腋部壓住敵方兩小臂，向右下發力，震脫敵方雙手。（圖6-14）

圖6-13

圖6-14

3. 隨即，左回身，雙掌推擊敵方胸部，發力震跌之。（圖6-15）

圖6-15

六、和尚托缽

1. 敵方左進步，右撩陰腳踢我方襠部。我方後滑步避過敵方腳鋒芒之際，兩掌下按敵方右腳背，阻截住敵腳之攻擊。（圖6-16）

2. 左腳前移步，右腳跨上一步逼近敵方，同時，右拳由下向前上頂出，勾擊敵方下頜，重創之。（圖6-17）

圖6-16

圖6-17

七、腰 拳

1. 敵方右進步，右衝拳擊打我方胸部。我方左腳向後撤退一步，右拳屈肘上提，用右小臂提格敵方右小臂外側，使敵方攻擊落空。（圖6-18）

圖6-18

2. 隨即，前滑步，左拳經右肘下穿出，擊打敵方右肋，重創之。（圖6-19）

八、別 肘

1. 敵方右進步，右衝拳擊打我方胸部。（圖6-20）

圖6-19

圖6-20

圖6-21

2. 我方右手上提，格於敵方右腕外側，黏住。（圖6-21）

3. 隨即，右旋腕拿住敵方手，身體右旋，左手按住敵方右腕，同時，左肘壓住敵方右肘臂部，兩膝內扣下沉，折傷敵方右臂。（圖6-22）

九、猿猴獻果

1. 敵方左進步，右膝提撞我方胸部。我方後滑步沉身，成左虛步，同時，兩手推按住敵方右膝部。（圖6-23）

圖6-22

圖6-23

2. 我方兩手用力向前下一推，右腳跨上一步，兩掌根合托敵方下頜。（圖6-24）

圖6-24

3. 隨即，轉腕發力向前一推，將敵方跌出。（圖6-25）

十、雙龍入海

1. 敵方右進步，雙拳向我方胸部衝擊。我方略退身，雙手從胸前上提分開，攔格於敵方兩小臂內側，阻截敵拳之攻擊。（圖6-26）

圖 6-25

圖 6-26

2.隨即，右腳向前方上進一大步，同時，兩手按
住敵方兩臂向下震落，迅疾成拳向前夾擊敵方兩耳
門，而重創之。（圖6-27）

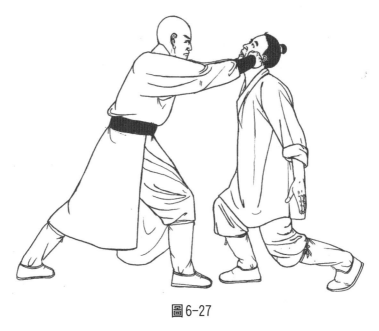

圖6-27

十一、犀牛獻角

1.敵方左進步，右膝提撞我方胸部。我方後吞
身，兩拳交腕，右外左內，向前砸壓敵方右膝。（圖
6-28）

2.我方兩拳用力一推，前滑步，兩拳衝擊敵胸
部。（圖6-29）

圖6-28

圖6-29

圖6-30

3.隨即，兩拳一收，迅疾向下衝擊敵方腹部，連續兩次重擊而重創之。（圖6-30）

十二、雙切手

1.敵方右進步，左鞭腿踢擊我方右側肋部。我方迅疾將右膝提起，阻截住敵方左腳之鞭踢。（圖6-31）

2.不讓敵方腿收落，我方迅疾將右腳向前落步，雙掌掌棱一齊向前切向敵方腹部，將敵擊倒。（圖6-32）

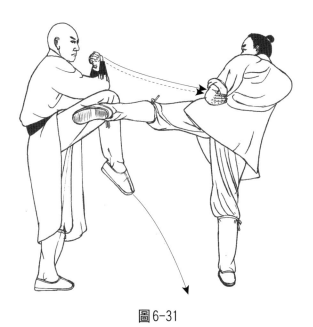

圖 6-31

圖 6-32

十三、斬腰手

1. 敵方右腳前移步，左腳跨步進身，左衝拳擊打我方面部。我方後滑一步，左掌上挑，攔格於敵方左小臂外側，化解敵拳之攻擊。（圖6-33）

圖6-33

2. 隨即，左腳前移步，體左旋，右掌斜砍敵方腰部左側腎腧、志室穴部位，重創之。（圖6-34）

圖6-34

十四、抽刀勢

1. 敵方右進
步，右拳擊打我方
面部。我方左腳向
後撤退一步，沉身
下坐成右吊馬，同
時，右手上挑格於
敵方右小臂外側，
左掌前切敵方右肋
部。（圖6-35）

圖6-35

2. 隨即，右腳彈出，腳尖踢擊敵方襠部。（圖6-36）

圖6-36

十五、飛腳盤腿

1. 我方左腳前移步，右腳飛踢敵方腹部。敵方後滑步仰身避過。（圖6-37）

2. 我方右腳迅疾向前踏落，飛出左腳彈踢敵方腹部。敵方右腳向後撤退避過。（圖6-38）

圖6-37

圖6-38

3. 隨即，我方左腳下落，右腳飛踢敵方腹部，連續彈踢追擊，重創之。（圖6-39）

圖6-39

十六、箭拳登肘

1. 敵方右進步，右衝拳擊打我方面部。我方迅疾向後滑一步，左掌前推，用掌根部阻截敵方右小臂內側，向外推開。（圖6-40）

2. 隨即，我方右腳向前方上進一大步，同時，右拳衝擊敵方心口。（圖6-41）

圖6-40

圖6-41

3. 我方右拳內收，屈臂頂右肘，再度衝擊敵方心口，重創之。
（圖6-42）

圖 6-42

十七、甩 拳

1. 我方右腳向前跨上一大步，同時，右拳反背甩出擊打敵方面部。敵方退左步左偏身，避過我方右拳之擊打。
（圖6-43）

圖 6-43

2. 我方左腳
經右腳後側向右
插步，迅疾轉體
約180°，同時，
左拳隨轉體反背
鞭拳甩擊敵方頭
部，將其打倒。
（圖6-44）

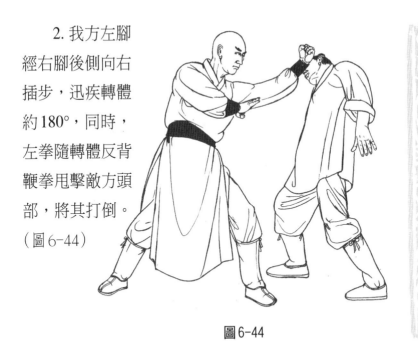

圖6-44

十八、鳳凰撒翼

1. 敵方右進步右拳擊打我方面部。我方左腳前
移，右小臂豎立向左裹，格敵方肘彎內側，同時，左
掌前切敵方右肋部。（圖6-45）

2. 隨即，右腳上步於自己左腳跟後，左腳前移半
步，沉身下坐成左吊馬，同時，左手旋腕下撈敵方襠
部，重創之。（圖6-46）

圖6-45

圖6-46

第七章

虎拳技擊法

一、猛虎縮腰

1. 敵方從身後雙臂環抱我方兩臂及胸。（圖
7-1）

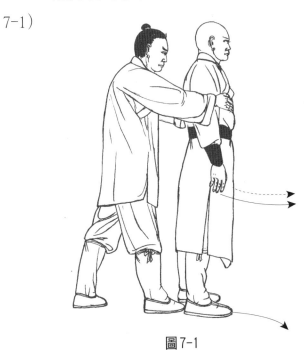

圖7-1

圖7-2

2. 我方右腳向前跨出一步，同時，沉身下坐成馬步，兩臂屈肘，雙掌前插，繃開敵方兩臂。（圖7-2）

3. 隨即，左回身，左肘向後撞擊敵方腹部。（圖7-3）

二、猛虎出洞

1. 敵方右腳進步，兩拳相併擊打我方胸部。我方左腳向後撤退一步，沉身下坐成右半馬步，同時，兩掌向前下按敵方兩拳背，阻截住敵拳之攻擊。（圖7-4）

圖 7-3

圖 7-4

2. 隨即，我方兩手互握手腕，前滑步，猛力推擊敵方胸部，將其重創而出。（圖 7-5）

圖 7-5

三、足踏金磚雙穿劍

1. 敵方左腳前移步，右腳向前方上進一大步，右橫拳擊打我方頭部。我方右腳略後移步，左腳虛提踩踏敵方右腳背，沉身下坐成馬步，避過敵方右拳。（圖 7-6）

2. 隨即，雙掌旋腕相併前插，戳擊敵方心口或側肋，重創之。（圖 7-7）

圖7-6

圖7-7

四、武松戳窗

1. 我方左滑步向前，逼近敵方，同時，兩掌相併，戳擊其面部。敵方退步仰身避過我方雙掌。（圖 7-8）

圖7-8

2. 隨即，右腳向前跨上一大步，兩掌旋腕下按前推敵方心口部，震勁發力而重創之。（圖7-9）

五、斬腰手

1. 敵方右腳進步，右旋體，左腳踹擊我方左膝

圖 7-9

圖 7-10

部。我方右腳退步縮身，左掌向下反劃，拍擊敵方腳跟，阻截敵腿之攻擊。（圖 7-10）

2. 隨即，右腳向前方上進一大步於敵方身後，同時，右掌斜砍敵方腰部，即命門穴部位。（圖7-11）

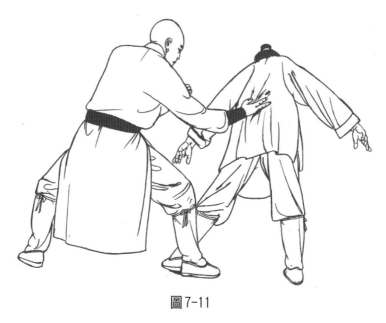

圖7-11

六、猛虎捉拿

1. 敵方右拳向我方面部打來。我方右手上迎，抓拿住敵方右腕外側。（圖7-12）

2. 隨即，我方右腳上步於自己左腳跟後，左腳上步於敵方右腳跟後絆住，同時，右手抓住敵方右腕向右下拉，左掌沿敵方右臂外側向前劃出，以掌棱擊敵咽喉。（圖7-13）

圖7-12

圖7-13

3. 接著，左掌貼住敵方頸部向左外後側反劃，將其摔跌而出。（圖7-14）

圖7-14

七、黑虎探心

1. 敵方右進步，雙拳向我方頭部貫擊。我方略退步仰身避其鋒芒。（圖7-15）

2. 隨即，我方兩掌上挑，從敵方兩腕中間上挑外格，分開敵方雙拳。（圖7-16）

圖7-15

圖7-16

3.接著，沉身下坐，兩掌猛然向左右分開下壓，震落敵方兩手。（圖7-17）

圖7-17

4.隨之，兩手食、中二指同時向前插擊敵方心口。（圖7-18）

八、摩拳擦掌

1.敵方左腳前移步，右腳彈踢我方胸部。我方右腳後退，右偏身，沉身下坐成馬步，同時，兩掌從左向右攔格敵方右小腿外側，將其攻擊化解。（圖7-19）

圖7-18

圖7-19

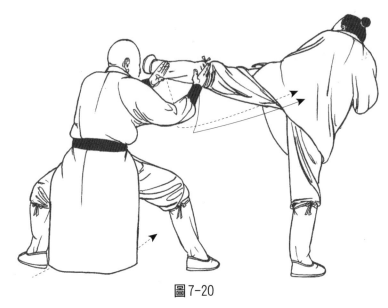

圖7-20

2. 敵方隨之向左收落右腳，左旋身，左腿後旋擺，掃擊我方頭部。我方左腳向左側後方退步，右腳向前上步，左轉身成馬步，同時，雙掌向左攔截敵方左小腿後側。（圖7-20）

3. 隨即，左腳向左前斜外側上步，同時，雙掌推擊敵方腰部，將其震擊撲出。（圖7-21）

九、猴子偷桃

1. 敵方左腳上步，右鞭腿踢擊我方頭部。我方左腳向後撤一大步，右膝跪地，左偏身避過敵腿鋒芒。（圖7-22）

圖7-21

圖7-22

2. 敵方右鞭腿在慣性的作用下，向左旋落步之際；我方右轉體，右手快速向前，從敵襠下穿過抓敵下陰。（圖7-23）

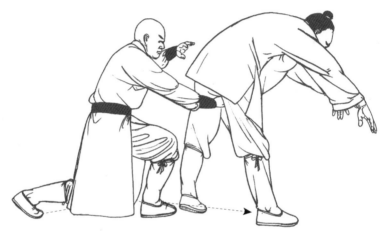

圖7-23

3. 隨即起身，左腳向前上進一步，右手猛向前提，將敵方摜跌而出。（圖7-24）

十、插腰劍

1. 敵方左腳上步，雙手向我方撲來。我方迅疾閃身繞步於敵方身後，雙手抓住敵方後腰衣服。（圖7-25）

圖 7-24

圖 7-25

2. 隨即，我方雙手手指關節突抵住敵方腰部，發力震擊而重創之。（圖7-26）

圖7-26

第八章

豹拳技擊法

一、風雨齊出

1. 敵方右進步，右拳擊打我方面部。我方迅疾將左腳向後撤退一步，沉身下坐成馬步，同時，兩掌向上托住敵方右小臂下側，截住敵拳之攻擊。（圖 8-1）

圖 8-1

201

2.隨即，我方左腳向前跨進一大步，踏入敵方洪門，同時，兩掌前戳敵方心口，將敵方重創。（圖8-2）

圖8-2

二、金雞曬翼

1.兩敵從左右向我方襲擊而來。（圖8-3）

2.我方將身一沉，兩掌左右穿出，插擊敵方心口。（圖8-4）

圖 8-3

圖 8-4

三、摩拳擦掌

1.我方右腳上步進身，左拳衝擊敵方腹部。（圖8-5）

圖8-5

2.敵方向後滑半步，右手下壓，格我方左腕，阻截我方左拳攻擊。（圖8-6）

3.隨即，我方左腳上進一大步，右拳衝擊敵方心口。（圖8-7）

圖 8-6

圖 8-7

4. 接著，左掌再度插擊敵方心口而重創之。（圖 8-8）

圖 8-8

四、純陽穿劍

1. 敵方右進步，右拳擊打我方面部。我方右旋身，左掌內裹，格阻敵方右腕外側，阻截住敵拳之攻擊。（圖 8-9）

2. 隨即，我方左掌貼住敵方右臂外側轉腕前繞，插擊敵方腋部。（圖 8-10）

圖8-9

圖8-10

圖8-11

五、武松抱虎

1. 敵方左進步，左拳擊打我方胸部。我方將左腳向後撤退一步，兩掌向前合抱敵方左拳，阻截住敵拳之攻擊。（圖8-11）

2. 隨即，前滑步，右臂屈肘壓靠敵方左臂，隨即發勁震傷，亦可折敵左肘。（圖8-12）

六、黑虎偷心

1. 敵方右進步，右拳衝擊我方胸部。我方略向後吞身，同時，左掌棱下壓敵方右外上側，阻截敵拳之攻擊。（圖8-13）

圖 8-12

圖 8-13

2. 隨即，我方左腳前移半步，右拳反背砸擊敵方
面部。（圖8-14）

圖8-14

3. 接著，雙手一收，隨即併拳衝擊敵方心口，將
其打跌而出。（圖8-15）

七、空手飛石

1. 敵方右進步，右衝拳擊打我方面部。我方迅疾
將左腳向後撤退一步，上體後挪，避過敵拳鋒芒。
（圖8-16）

圖8-15

圖8-16

2. 隨即，左手前伸攔敵右腕，右腳前移半步，右拳彈出以抖勁擊打敵方面部。（圖8-17）

圖8-17

八、遊僧行禮

1. 我方右腳進步逼敵方，左掌前劈敵方面部。敵方後滑步避過。（圖8-18）

2. 我方迅疾跨出左腳，右拳衝擊敵方胸部。敵方右腳向後撤退一步，含胸避過我拳。（圖8-19）

圖 8-18

圖 8-19

3. 隨即，我方右腳搶上一步，左拳急速追出，衝擊敵方心口而重創之。（圖8-20）

圖8-20

第九章

鶴拳技擊法

一、仙鶴舞翼

1. 敵方右進步，左鞭腿踢擊我方右脅部。我方右腳向後移步，右轉身，兩手交腕，左內右外，阻截住敵方踢來之左腳背。（圖9-1）

圖9-1

2. 我方雙手發力震落敵腳，迅疾左轉身，左掌背向前甩擊敵方襠部。（圖9-2）

圖9-2

3. 隨即，右腳上一步踏入敵方洪門，右拳向前穿出，反鞭擊打敵方頸部或面門，而重創之。（圖9-3）

二、鶴舞雲霄

1. 我方前滑步進身，左腳低鑱敵方右小腿前脛。敵方後滑步吞腹含胸，避過我方之腿擊。（圖9-4）

圖 9-3

圖 9-4

2. 我方左腳迅疾向前踏落，右腳蹬地而起，用腳跟猛力蹬擊敵方腹部。（圖9-5）

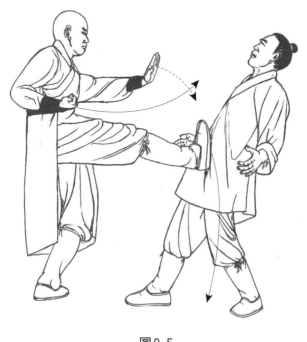

圖9-5

3. 隨即，右腳向前踏落成弓步，膝部前頂，兩手交腕猛推敵方胸部，將其震跌而出。（圖9-6）

三、鶴翼扇燈

1. 敵方欲逼近攻擊，我方兩目緊盯，兩手交腕護胸。（圖9-7）

圖9-6

圖9-7

2. 我方突向敵方面部吐出一口風水氣。敵方向左偏頭避躲。（圖9-8）

圖9-8

3. 我方右腳迅疾踏進一大步，同時，右手食、中二指插擊敵方雙目。（圖9-9）

四、仙鶴挺翼

1. 敵方右進步，右拳擊打我方胸部。我方迅疾將左掌從上向下按住敵方右拳背。（圖9-10）

圖 9-9

圖 9-10

2. 我方左掌貼住敵方右臂向前下壓力，左弓步，同時，右手食、中二指插擊敵方咽喉。（圖9-11）

圖9-11

五、插肚拳

1. 敵方右進步，右拳擊打我方面部。我方左腳向後撤退一步，沉身下坐成馬步避躲敵拳，同時，右拳插擊敵方腹部。（圖9-12）

2. 右弓步，右拳一收即迅疾插出，擊打敵方腹部，將其打跌而出。（圖9-13）

圖9-12

圖9-13

圖9-14

六、右挑拳

1. 敵方右進步，右掌擊打我方胸部。我方右轉體，同時，左掌從上向右下劈落敵方右臂。(圖9-14)

2. 隨即，左轉身，右拳從下向前上挑擊敵方下頜。（圖9-15）

七、懸崖勒馬

1. 敵方右進步，左拳擊打我方面部。我方將左腳向後撤退一步，起左手從右向左拿敵方左手腕外側，阻截住敵拳之攻擊。（圖9-16）

圖9-15

圖9-16

2.隨即，我方左爪拽住敵方左腕向下抖拉，右手向上穿，以肘彎兜住敵方左臂。（圖9-17）

圖9-17

3.我方兩手交錯同時發力，將敵方左臂折傷。（圖9-18）

八、鶴爪扎索

1. 我方搶步上前，伸出兩手抓住敵方兩上臂衣服，並向前推力。（圖9-19）

圖9-18

圖9-19

2. 敵方與我方爭力之際，我方猛將兩手向懷內拉拽，同時，提起右膝撞擊敵方心口。（圖9-20）

圖9-20

3. 隨即，順勢伸膝彈腳，右腳尖踢擊敵方襠部，以連續兩擊而重創之。（圖9-21）

九、華佗接骨

1. 敵方右進步，右衝拳擊打我方面部。我方沉身下坐成馬步，同時，右手上翻，向外攔格，阻截住敵方右拳背。（圖9-22）

圖 9-21

圖 9-22

圖9-23

2.隨即，左弓步，右手拿住敵方右腕下壓旋擰，左手上托敵方肘關節，交錯發力，以抖勁將敵方右臂折傷。（圖9-23）

十、十字拳

1.敵方右進步，右衝拳擊打我方面部。我方右腳退步，兩手交叉護於胸前，沉身下坐成馬步，避過敵拳鋒芒。（圖9-24）

2.隨即，我方左拳向敵方襠部插擊，抖勁發力而重創之。（圖9-25）

圖 9-24

圖 9-25

十一、華佗診脈

1. 敵方右進步，右拳擊打我方面部。我方右側
身，起右手反劃攔格敵方右拳外側，阻截住敵拳之攻
擊。（圖9-26）

圖9-26

2. 隨即，右手扣指抓住敵方右拳，左臂屈肘，
壓擊敵方右肘。（圖9-27）

3. 左手按住右手背，左肘壓住敵方右肘部，右
旋身，將敵方旋摔跌出。（圖9-28）

圖9-27

圖9-28

十二、背肘甩拳

1. 敵方左腳上進一步，左拳擊打我方胸部。我方左腳向後撤退一步，左轉體避過敵拳鋒芒，同時，右肘橫出，頂擊敵方左小臂近肘部。（圖9-29）

圖9-29

2. 隨即，右腳向前一步絆住敵方左腳跟，同時，右肘前頂敵方面部。敵方仰面避過我方肘擊。（圖9-30）

3. 我方右拳迅疾反背甩出，擊打敵方面部。（圖9-31）

圖9-30

圖9-31

圖9-32

十三、李廣拉弓

1. 我方左進步，右掌穿出，戳擊敵方咽喉。敵方退步沉身，上挑右手格我方右腕外側，阻截住我方右掌之攻擊。（圖9-32）

2. 隨即，我方右掌旋腕扣指，抓住敵方右手向右拉拽，同時，右腳向自己左腳後一步，左腳上步，右旋身，左掌從敵方右臂下穿出，戳擊敵方腋部。（圖9-33）

十四、還弦手

1. 敵方左腳進步，左拳反背砸我面部。我方略收

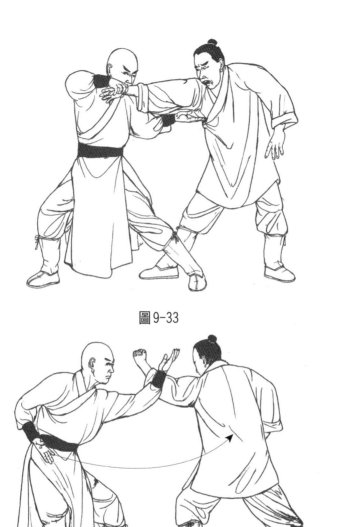

圖9-33

圖9-34

左腳,沉身成左吊馬,同時,左手上挑,左小臂格敵
左小臂外側,將敵拳勁化於外側。（圖9-34）

2. 隨即，左腳前移成半弓步，同時，右掌砍擊敵方腰部。（圖9-35）

圖9-35

3. 接著，右腿蹬力，右掌回收，左掌切擊敵方左脅後側，以兩次連擊重創之。（圖9-36）

十五、仙鶴張口

1. 敵方前滑步進身，右拳擊打我方面部。我方頭部右偏，避敵拳鋒芒，同時，左弓步，左手撈住敵方襠部揪擰。（圖9-37、圖9-38）

圖9-36

圖9-37

圖9-38

圖9-39

2.趁敵方護痛佝身之際，我方右手食、中二指插擊敵方雙眼，上下齊攻而重創之。（圖9-39）

十六、袖 箭

1.敵方右進步，右沖拳擊打我方面部。我方後滑半步，坐身成左半馬步，同時，左掌上挑敵方右小臂內側，向外化開敵拳之攻擊。（圖9-40）

圖9-40

2.我方左腳前移半步，成左弓步，同時，右拳衝出擊打敵方胃脘部。（圖9-41）

3.我方右拳一收，左掌插擊敵方肚臍。連續兩度重擊而重創之。（圖9-42）

圖9-41

圖9-42

十七、一字拳

1. 敵方右腳上步進身，右橫拳擊打我方頭部。我方右轉體，兩手交腕，右內左外，護於胸前，兩膝內扣沉身，避過敵拳鋒芒。（圖9-43）

圖9-43

2. 隨即，我方兩膝外展，成馬步，同時，體左轉，兩手成拳左右分開，左拳向前擊打敵方右腹角。（圖9-44）

圖9-44

十八、鶴嘴啄心

1. 敵方右腳上步，右衝拳擊打我方面部。我方左腳收步成吊馬，兩手交腕護於胸前，沉身避過敵拳鋒芒。（圖9-45）

2. 我方左腳向前一步，扣敵左腿，左膝沉跪，體略右旋，同時，左手反抓敵方襠部。（圖9-46）

圖 9-45

圖 9-46

圖9-47

3. 隨即，我方左轉體成左弓步，同時，右拳衝擊
敵方心口，將其重創之。（圖9-47）

十九、登 肘

1. 敵方右進步，左衝拳擊打我方面部。我方將左
腳向後撤退一步，左手攔於敵方左小臂外側。（圖
9-48）

2. 隨即，我方左手旋腕扣指抓住敵方左手腕，向
左後旋擰，同時，前滑步，右肘頂擊敵方左腋部。
（圖9-49）

圖 9-48

圖 9-49

圖 9-50

二十、仙女照影

1. 敵方右進步，右拳擊打我方面部。我方右手上抬，用掌棱攔格住敵方右拳腕外側，阻截住敵拳之攻擊。（圖9-50）

2. 隨即，我方右手旋擰，將敵方右臂向右外側牽開，使敵背對於我之際，左掌猛推敵方右肩，使其轉過身去。（圖9-51）

圖9-51

3. 接著，我方猛起左腳
鞭踢敵方臀尾，將其踢仆而
出。（圖9-52）

圖9-52

249

二十一、金鈎套索

1. 敵方右進步，右拳擊打我方面部。我方右腳向後挪步、沉身之際，右手上抬攔敵右拳腕外側，阻截住敵拳之攻擊。（圖9-53）

圖9-53

2. 隨即，我方右手旋指扣抓敵拳，同時，左手上提按住敵方右肘部外側。（圖9-54）

3. 我方向右轉體，兩手帶住敵方右臂猛力向右下旋拽，將敵方跌仆而出。（圖9-55）

達摩派拳訣——五拳秘技

圖9-54

圖9-55

二十二、鶴爪摘腰

1. 敵方右進步，右拳擊打我方面部。我方沉身向左繞步避過。（圖9-56）

圖9-56

2. 隨即再上左步於敵方身後，伸出兩手抓住敵方腰部衣服。（圖9-57）

3. 隨即，兩拳用指關節突發抖勁震擊敵方腰部，重創敵方腰腎。（圖9-58）

圖 9-57

圖 9-58

達摩派拳訣——五拳秘技

第十章

蛇拳技擊法

一、行禮勢

1. 敵方上前挑釁。（圖 10-1）

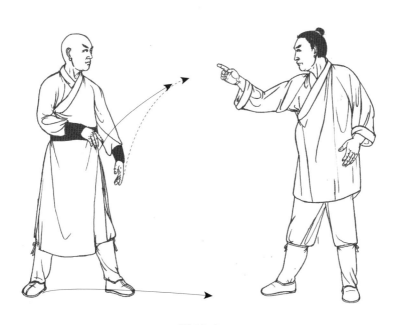

圖 10-1

2. 我方右腳緊上一步，雙手抱拳。（圖 10-2）

圖 10-2

3. 逼近敵方之際，趁敵方疏忽，將右拳、左掌擊向敵方心口而重創之。（圖 10-3）

二、青蛇出洞

1. 敵方右進步，右衝拳擊打我方胸部。我方迅疾提起兩掌相剪，鎖住敵方右小臂而阻截住敵拳之攻擊。（圖 10-4）

256

圖 10-3

圖 10-4

2. 隨即，我方左掌貼住敵方右臂前滑，掌尖插擊敵方右腋。（圖10-5）

圖10-5

3. 左掌根緊接發力，震擊敵方脅部，將其重創。（圖10-6）

三、白蛇出洞

1. 敵方右進步，右衝拳擊打我方胸部。我方右腳略向後挪步，沉身下坐成馬步，左手豎臂上挑，掌心攔格敵方右腕內側。（圖10-7）

圖10-6

圖10-7

2. 隨即，我方右掌向前穿出，戳擊敵方右腋或右肋部。（圖10-8）

圖10-8

3. 接著，我方右腳上進一大步，跨入敵方洪門，同時，兩掌棱向前，右上左下，向前切擊敵方右肋而重創之。（圖10-9）

四、青蛇煉丹

1. 敵方右進步，右衝拳擊打我方胸部。我方右腳向後挪步，右側身，下坐成馬步，同時，左掌背攔格敵方右小臂內側，阻截住敵拳之攻擊。（圖10-10）

圖 10-9

圖 10-10

261

2. 我方左掌旋掄，掌棱一震敵方右小臂，隨即左腳滑前一步，同時左掌食指插擊敵方心口。（圖10-11）

圖10-11

3. 隨即，我方左手轉腕，食指向上戳擊敵方頜下舌根，兩度點擊而重創之。（圖10-12）

五、白蛇煉丹

1. 敵方右進步，左拳擊打我方胸部。我方右腳略向後挪，含胸，右掌棱壓敵方左腕背，阻截住敵拳攻擊。（圖10-13）

圖 10-12

圖 10-13

2. 我方右掌猛一向下抖勁，將敵左手震落，隨即，右腳上進一步，右手食指點擊敵方咽喉。（圖10-14）

圖10-14

3. 隨即，右手轉腕，掌根震擊敵方頸部或胸部，將其打跌。（圖10-15）

六、青蛇盤身

1. 敵方右進步，右拳擊打我方面部。我方略吞身，起雙掌抱接住敵方右拳。（圖10-16）

圖 10-15

圖 10-16

2. 敵方緊跟發出左衝拳，擊打我方面部。我方右掌向右分展，攔格敵方左腕內側，隨即兩掌棱貼住敵方兩小臂向前滑分開之。（圖10-17）

圖10-17

3.隨即，兩掌心向內一合，即向前插敵方胸部或心口，重創之。（圖10-18）

七、白蛇盤身

1.敵方右進步，右橫拳擊打我方頭部。我方右腳向後挪步，沉身下坐成馬步，兩手交腕於胸前，右側身避過敵拳鋒芒。（圖10-19）

圖 10-18

圖 10-19

　　2. 隨即，我方兩掌猛然左右分展，左掌尖插擊敵方咽喉。敵方後滑步，右偏身避過我方左掌之攻擊。（圖10-20）

達摩派拳訣——五拳秘技

圖10-20

3. 我方右腳上進一大步，踏入敵方洪門，同時，右掌向前橫掃敵方頸部，將其打翻而出。（圖 10-21）

圖 10-21

彩色圖解太極武術

歡迎至本公司購買書籍

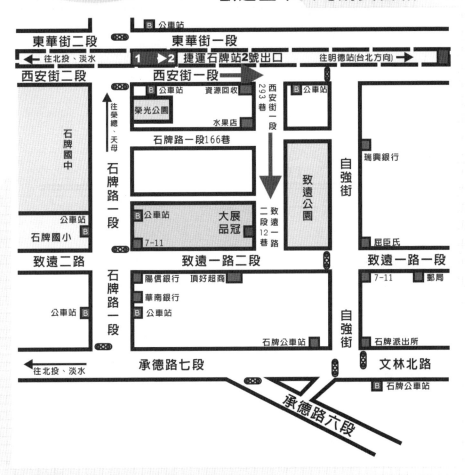

建議路線

1. 搭乘捷運．公車

　　淡水線石牌站下車，由石牌捷運站２號出口出站(出站後靠右邊)，沿著捷運高架往台北方向走(往明德站方向)，其街名為西安街，約走100公尺(勿超過紅綠燈)，由西安街一段293巷進來(巷口有一公車站牌，站名為自強街口)，本公司位於致遠公園對面。搭公車者請於石牌站(石牌派出所)下車，走進自強街，遇致遠路口左轉，右手邊第一條巷子即為本社位置。

2. 自行開車或騎車

　　由承德路接石牌路，看到陽信銀行右轉，此條即為致遠一路二段，在遇到自強街(紅綠燈)前的巷子(致遠公園)左轉，即可看到本公司招牌。

國家圖書館出版品預行編目資料

達摩派拳訣——五拳秘技／湯　顯　原著　三武組　整理
——初版，——臺北市，大展，2020〔民109.10〕
面；21公分 ——（武術秘本圖解；12）
ISBN 978－986－346－312－2（平裝）

1.拳術　2.中國

528.97　　　　　　　　　　　　　　　　　109011785

達摩派拳訣——五拳秘技

原　　著／湯　顯

整　　理／三武組

責任編輯／何宗華

發 行 人／蔡森明

出 版 者／大展出版社有限公司

社　　址／台北市北投區（石牌）致遠一路2段12巷1號

電　　話／（02）28236031 · 28236033 · 28233123

傳　　眞／（02）28272069

郵政劃撥／01669551

網　　址／www.dah-jaan.com.tw

E - mail／service@dah-jaan.com.tw

登 記 證／局版臺業字第2171號

承 印 者／傳興印刷有限公司

裝　　訂／佳昇興業有限公司

排 版 者／弘益電腦排版有限公司

授 權 者／安徽科學技術出版社

初版1刷／2020年（民109）10月

定　價／300元

大展好書　好書大展
品嘗好書　冠群可期